中庸讀敘

中庸以一言之曰誠以二言之曰中庸曰中和曰忠恕以三言之曰費而隱曰微之顯無所謂天地萬物中外古今止是一誠無所謂天下國家禮樂政刑止是一誠無所謂智愚賢不肖知能大小曲直險夷止是一誠誠至則生天生地生物不測誠不至則一切俱無心非其心境非其境事非其事以之爲己烏乎能存以之爲人烏乎能信以之爲天下國家與接爲構日以心鬬變態誰究又烏乎能行及其至也不敢知其人不足以爲國豈不哀哉誠者物之終始但喜

怒哀樂未發之中而天下之大本以立但庸德庸言之行謹而天下之達道以經綸天下大本非貫徹於無聲無臭不睹不聞之無可貫徹不足以立也天下達道非推極於繼志述事參天贊地之無可推極不足以經綸也中庸之實一曰費而隱逆而窮其源也一曰微之顯順而竟其委也不如是不足盡終始之量也不如是不足盡中庸之量也道通爲一非畛非域中即淵深庸即高明亦何怪哉道之不明也一言中庸而一切過不及之名平常之名以至何者過不及何者平常但是空言都無實事明明經釋喜怒哀

樂之未發謂之中。觀喜怒哀樂未發時氣象。即行實地。不勞揣摩。明明經文。庸德之行。繼以素位而行。素患難行患難爲人君止於仁。即庸德之行也。千有餘年。後儒之說行而聖訓晦。名句之學徇而實事疏。否塞晦盲。釀爲風俗。沉淵刲股致死藐諸孤。精誠格鬼神。獨不利儒者之口。天下奇男子行人所不能行而不能以一盼。鄉黨自好者流居之似忠信行之似廉潔。全家保妻子簞食豆羹見於色。又何恤乎邦之阢隉。黠者於是乘其弊。竊其器以鉗制一世而復任艱無伎私熾無習。於是乎日蹙國百里。强者乃吞噬不已。揆厥病源皆不識中庸之道之所致也。而豈細故哉。或問如子之言。中庸之道高深若此聖人之事常人烏能。答曰萬物皆備。四端固有但是有心皆是聖人。聖人與人同。人自異於聖直下自承念念悉誠。則亦博厚配地高明配天而已。若本非聖而求作聖望空出華寧非虛妄。又問直下自承心若不純險不可言敢鹵莽耶。答曰誠者自成也。待他而成雜而不純。現成自成焉得不純。不學而知其良知也。何險之有。不此之恃復何所恃。若他可恃何必定此。惟其門外天涯皆荆棘也。又問世態萬變而獨一誠迂不可行。

不合世情奈何。答曰。至誠無息。不言而信。參前倚衡夫然後行。誠爲物體。情僞無物。無物必反。爲時不遠。又問。天下國家萬幾叢脞。獨以一誠耶。答曰。凡爲天下國家有九經。其所以行之者一也。又問。若是則枯坐寂然。大道是禪。何須學耶。答曰。禪亦須學。況此非禪。中庸有所以爲中庸者。尊德性而道問學是也。爲性而學。學以盡性。是宗旨也。認明宗旨。學問思辨。大有事在。唯天下至誠爲能聰明睿知。足以有臨也。寬裕溫柔。足以有容也。發强剛毅。足以有執也。齊莊中正。足以有敬也。文理密察。足以有別也。然後溥博淵泉而時出之。誰謂是誠而顧可以不學哉。嗚乎。千有餘年中庸不明。人不務誠。失其本心。大義不行。浩然之氣不存。蓋已非復人間世矣。南渡君臣。偷安寡恥。河山恢復。初亦未始無心。但恨不能作氣。日月駸駸安然無事。自有肺腸。俾虜卒狂。父母蒼天。人之無良。陸象山發憤作大人詩曰。從來膽大胸膈寬。虎豹虬龍億萬千。從頭收拾一口吞。有時此輩未妥帖。哮吼大嚼無毫全。朝飲渤海水。暮宿崑崙巔。連山以爲琴。長河爲之絃。萬古不傳音。吾當爲君宣。嗟乎象山。天下大亂。孔學將亡。吾烏得其人而旦暮遇之。

民國二十一年十月歐陽漸敘於支那内學院

中庸讀

天命之謂性。率性之謂道。惟天之命。於穆不已。天之所以爲天也。盡心知性。則知天矣。天命性。一物也。而二名之。在天之道曰天命。在人之道曰率性。自誠明謂之性。修道之謂教。修道以仁。禮所生也。有至德而作禮樂。謂之爲教。自明誠謂之教。○此示天道人道之實。

道也者。不可須臾離也。可離非道也。是故君子戒慎乎其所不睹。恐懼乎其所不聞。須臾貫終始。始隱終顯。君子之道費而隱。故其功在戒懼於不睹聞而存誠以致中。莫見乎隱。莫顯乎微。故君子慎其獨也。鬼神之德。微之顯。故其功在慎獨。而知幾以致和。○此示存養省察之功。

喜怒哀樂之未發謂之中。費而隱也。發而皆中節謂之和。微之顯也。中也者。天下之大本也。本立於隱也。和也者。天下之

達道也。達極於顯也。致中和。知仁勇以爲致。戒愼以爲致。誠以爲致。一也。天地位焉。萬物育焉。位育禮也。親親之殺。尊賢之等。位也。以言位。極之天地位。然六合以外。獨非所位乎。喪祭之禮。稱情以立文。凡所以暢達其情者。育也。以言育。極之萬物育。然無徵不測之端。獨非所育乎。○此示聖神功化之極。

以上子思立義作中庸之書。

仲尼曰。君子中庸。小人反中庸。君子之中庸也。君子而時中。小人之反中庸也。小人而無忌憚也。常戒懼於不睹聞。是中庸。無忌憚是反中庸。人至無忌憚。反中庸。則機械變詐。無所用其恥。而無所不至。其害於爾家凶於爾國。人用側頗僻。民用僭忒。○此言小人反中庸。

子曰。中庸其至矣乎。民鮮能久矣。子曰。道之不行也

我知之矣。知者過之。愚者不及也。道之不明也。我知之矣。賢者過之。不肖者不及也。人莫不飲食也。鮮能知味也。仁者見之謂之仁。智者見之謂之智。百姓日用而不知。故君子之道鮮矣。則氣稟之爲害也。○此言民鮮能中庸。

子曰。道其不行矣夫。子曰。舜其大知也與。舜好問而好察邇言。隱惡而揚善。執其兩端。用其中於民。其斯以爲舜乎。問察。素隱也。隱惡。過惡也。易大有君子以遏惡揚善。執其兩端。知費隱微顯之全體也。用其未發之中於天下。成己以成物也。是知能中庸也。子曰。人皆曰予知。驅而納諸罟擭陷阱之中。而莫之知辟也。人皆曰予知。擇乎中庸而不能期月守也。子曰。回之爲人也。擇乎中

庸。得一善則拳拳服膺而弗失之矣。學者不能擇善固執。顏子聞一知十。三月不違仁。知及之仁能守之。是仁能中庸也。子曰。天下國家可均也。爵祿可辭也。白刃可蹈也。南北方之強。中庸不可能也。君子不流不倚之強。子路問強。子曰。南方之強與。北方之強與。抑而強與。寬柔以教。不報無道。南方之強也。君子居之。衽金革。死而不厭。北方之強也。而強者居之。故君子和而不流。強哉矯。發而皆中節。夫誰流。中立而不倚。強哉矯。立天下之大本。夫誰倚。國有道不變塞焉。強哉矯。國無道至死不變。強哉矯。君子非強於剛柔。而強於正直。是勇能中庸也。子曰。素隱行怪。後世有述焉。吾弗爲之矣。君子遵道而行。半塗而廢。吾弗

能已矣。君子依乎中庸，遯世不見知而不悔，唯聖者能之。隱即下文費而隱之隱也。素隱善道也。然素隱不以行道而行怪，非知也。行道而不終，非仁也。遯世無悶，不見是而無悶，樂則行之，憂則違之，確乎其不可拔，不變之神勇也。承上三德而重言以中明之。此言君子能中庸。

以上明不能中庸與能中庸。

君子之道費而隱。楚辭王注：費，光貌也。下文數以察言也。道非常見所及，亦非迹象所求。但見明顯而徹幽玄。誠體如是也。夫婦之愚，可以與知焉，及其至也，雖聖人亦有所不知焉。夫婦之不肖，可以能行焉，及其至也，雖聖人亦有所不能焉。天地之大也，人猶有所憾。故君子語大，天下莫能載焉；語小，天下莫能破焉。

詩云：鳶飛戾天，魚躍于淵。言其上下察也。君子之道造端乎夫婦，及其至也，察乎天地。道非知能大小之事，不可以一端泥。吾有知乎哉？實無知也。丘未能一焉，實無能也。鳶魚察上下，夫婦察天地，又可以一曲拘乎。凡此言道不可執於近也。費而隱故也。

子曰：道不遠人。人之為道。為，謂也。道何以與人不遠，人之謂道也。仁者人也。合而言之道也。下文不言以道治人，而言以人治人也。而遠人，不可以為道。又反言以明之。詩云：伐柯伐柯，其則不遠。執柯以伐柯，睨而視之，猶以為遠。故君子以人治人，改而止。而，汝也。為人君止於仁，為人臣止於敬，為人子止於孝，為人父止於慈，與國人交止於信。忠恕違道不遠，施諸己而不願，亦勿施於人。君子之道四，丘未能一焉。所求乎子。以事父未能也。所求乎臣。以事君未能也。所求乎弟。以事兄未能也。所求乎朋友。先施之未能也。庸德之行。庸言之謹。有所不足不敢不勉。有餘不敢盡。言顧行。行顧言。君子胡不慥慥爾。任止於至善而止。是以人治人。吾道一以貫之。而止是忠恕。思事親不可以不知天。而止是庸德庸言。凡此言道不可離於近也。費而隱故也。道不執於近。亦不離於近。此則所謂道體也。

君子素其位而行。不願乎其外。博雅。素。本也。本其位而行而不願外。所謂君子思不出其位也。天下何思何慮。無妄之往何之矣。素富貴行乎富貴。素貧賤行乎貧賤。素夷狄行乎夷狄。素患難行乎患難。君子無入而不自得焉。在上位不陵下。在下位不援上。

正己而不求於人。則無怨。上不怨天。下不尤人。故君子居易以俟命。小人行險以徼幸。子曰。射有似乎君子。失諸正鵠。反求諸其身。君子之道。辟如行遠必自邇。辟如登高必自卑。詩曰。妻子好合。如鼓瑟琴。兄弟既翕。和樂且耽。宜爾室家。樂爾妻帑。子曰。父母其順矣乎。君子體費而隱之義。而知道無方。體。隨其所現皆全體現。一息之安天下舉安。故行亦不執於近不離於近。此則所謂體道而行也。。右詳費而隱之義。

子曰。鬼神之為德。其盛矣乎。死歸於土。謂之為鬼。其氣發揚于上。為昭明。焄蒿悽愴。百物之精。謂之為神。總一誠之為之也。不誠則其氣不能發揚于上為昭明也。誠為物體。即言鬼神為物體也。視之而弗見。聽之而弗聞。體物而不可遺。使天下之人齊明盛服以承祭祀洋洋乎如在其上如在其左右詩曰神之格思不可度思矧可射思夫微之顯誠之不可揜如此夫弗見弗聞微也體物如在則之顯矣誠不可揜言神不可度也此就神言微之顯下就人言微之顯子曰舜其大孝也與德為聖人尊為天子富有四海之內宗廟饗之子孫保之故大德必得其位必得其祿必得其名必得其壽故天之生物必因其材而篤焉故栽者培之傾者覆之詩曰嘉樂君子憲憲令德宜民宜人受祿于天保佑命之自天申之故大德者必受命舜至微之德而之子受命之至顯也

子曰無憂者其唯文王乎以王季為父以武王為子父作之子述之武王纘大王王季文王之緒壹戎衣而有天下身不失天下之顯名尊為天子富有四海之內宗廟饗之子孫保之武王末受命周公成文武之德追王大王王季上祀先公以天子之禮斯禮也達乎諸侯大夫及士庶人父為大夫子為士葬以大夫祭以士父為士子為大夫葬以士祭以大夫期之喪達乎大夫三年之喪達乎天子父母之喪無貴賤一也武周至微之德而之受命制禮之至顯也禮生於仁喪祭禮之大本也先言喪禮子曰武王周公其達孝矣乎夫孝者善繼人之志善述人之事者也春秋修其祖廟陳其宗器設其裳衣薦其時

食宗廟之禮所以序昭穆也序爵所以辨貴賤也序事所以辨賢也旅酬下爲上所以逮賤也燕毛所以序齒也踐其位行其禮奏其樂敬其所尊愛其所親事死如事生事亡如事存孝之至也郊社之禮所以事上帝也宗廟之禮所以祀乎其先也明乎郊社之禮禘嘗之義治國其如示諸掌乎。後言祭禮事上帝則玄遠如昭明祀乎其先則事死如事生事亡如事存。一日之有事如一國之化治喪以其哀之隱而發揚之祭以其敬之隱而發揚之微之至於極顯也如此夫。右詳微之顯之義。

以上明中庸之道無方體。

哀公問政子曰文武之政布在方策其人存則其政舉其人亡則其政息人道敏政地道敏樹夫政也者蒲盧也故爲政在人取人以身修身以道修道以仁仁者人也親親爲大義者宜也尊賢爲大親親之殺尊賢之等禮所生也故君子不可以不修身思修身不可以不事親思事親不可以不知人思知人不可以不知天。爲政在修身修身在知天盡性知天至誠之事然止是事親。天下之達道五所以行之者三曰君臣也父子也夫婦也昆弟也朋友之交也五者天下之達道也知仁勇三者天下之達德也所以行之者一也。庸言之信庸行之謹必知及之仁能守之勇以宏毅之而一之以誠始曲盡其致。或生而知之或學而知之或困而知之。及其知之一也。或安而行之。或利而行之。或勉强而行之。及其成功一也。（成德有利鈍。）好學近乎知。力行近乎仁。知恥近乎勇。（入德有導引。）知斯三者。則知所以修身。知所以修身。則知所以治人。知所以治人。則知所以治天下國家矣。（止是盡性。）凡爲天下國家有九經。曰修身也。尊賢也。親親也。敬大臣也。體羣臣也。子庶民也。來百工也。柔遠人也。懷諸侯也。（九經之目。）修身則道立。尊賢則不惑。親親則諸父昆弟不怨。敬大臣則不眩。體羣臣則士之報禮重。子庶民則百姓勸。來百工則財用足。柔遠人則四方歸之。懷諸侯則天下畏之。（九經之效。）齊明盛服。非禮不動。所以修身也。去讒遠色。賤貨而貴德。所以勸賢也。尊其位。重其祿。同其好惡。所以勸親親也。官盛任使。所以勸大臣也。忠信重祿。所以勸士也。時使薄斂。所以勸百姓也。日省月試。既稟稱事。所以勸百工也。送往迎來。嘉善而矜不能。所以柔遠人也。繼絕世。舉廢國。治亂持危。朝聘以時。厚往而薄來。所以懷諸侯也。（九經之事。）凡爲天下國家有九經。所以行之者一也。（右明自修身以至治天下國家壹是皆以誠爲本。）

凡事豫則立。不豫則廢。言前定則不跲。（跲。躓也。）事前定則不困。行前定則不疚。道前定則不窮。在下位不獲乎上民不可得而治矣。獲乎上有道不信乎朋友不獲乎上矣。信乎朋友有道不順乎親不信乎朋友矣。順乎親有道反諸身不誠不順乎親矣。誠身有道不明乎善不誠乎身矣。○右明凡事皆以誠爲先。

誠者天之道也。誠之者人之道也。標句。誠者。不勉而中。不思而得從容中道聖人也。不勉而無不仁。不思而無不知。從容而無不勇。天之道也。誠之者擇善而固執之者也。擇善知也。固執仁勇也。博學之審問之愼思之明辨之篤行之。學問思辨是擇善事。篤行是固執事。學知利行也。有弗學學之弗能弗措也。有弗問問之弗知弗措也。有弗思思之弗得弗措也。有弗辨辨之弗明弗措也。有弗行行之弗篤弗措也。人一能之己百之人十能之己千之。果能此道矣。雖愚必明。雖柔必強。困知勉行也。皆誠之者人之道也。

自誠明謂之性。天之道也。自明誠謂之教。人之道也。誠則明矣。明則誠矣。則卽字通及其成功。天人一也。唯天下至誠爲能盡其性。能盡其性則能盡人之性。能盡人之性則能盡物之性。能盡物之性則可以贊天地之化育。可以贊天地之化育則可以與天地參矣。有生之類。性無不同。亦無不通。充極性量。生無不賅。與天地合其德矣。然其所以盡者。誠也。致中和也。天之道也。

其次致曲。釋名曲。局也。得一善則拳拳服膺。是謂致曲。可欲之謂善。曲能有誠有諸己之謂信。誠則形。形則著。充實之謂美。著則明充實而有光輝之謂大。明則動。動則變。變則化。唯天下至誠爲能化。大而化之之謂聖。孟子就成己言。中庸就成物言。至誠之道。可以前知。國家將興。必有禎祥。國家將亡。必有妖孼。見乎蓍龜。動乎四體。禍福將至。善必先知之。不善必先知之。故至誠如神。聖而不可知之謂神。天道人道。就成功聖神言。固一致也。然由其次而來。則人道也。○右明誠有天道人道之差等。

誠者自成也。而道自道也。誠者物之終始。不誠無物。物待誠成。誠不待物成。自成現成。道體如是。體道而行。亦如是。但不自欺。信得自及。如是而已。君子知誠物不二。其於物也。見誠不見物。誠貫始終。故物有始終。衆人雖誠物爲二。其於物也。見物不見誠。終始無誠。故終始無物。孔學在誠。誠。誠之爲訓深切著明無逾於此。學者宜盡心焉。是故君子誠之爲貴。誠爲物體故爲貴。」誠者非自成己而已也。所以成物也。

成己仁也。仁能守之而有諸己。成物知也。聰明睿知足以有臨。性之德也、合外內之道也。故時措之宜也。故至誠無息。誠合外內。宜時措。故無息。」不息則久。久則徵。徵則悠遠。悠遠則博厚。博厚則高明。博厚所以載物也。高明所以覆物也。悠久所以成物也。博厚配地。高明配天。悠久無疆。如此者不見而章。不動而變。無爲而成。至誠不息之呈象如此。天地之道可壹言而盡也。其爲物不貳。則其生物不測。天地之道。博也。厚也。高也。明也。悠也。久也。今夫天。斯昭昭之多。及其無窮也。日月星辰繫焉。萬物覆焉。今夫地。一撮土之多。及其廣厚。載華嶽而不重。振河海而不洩。

萬物載焉。今夫山。一卷石之多。及其廣大。草木生之。禽獸居之。寶藏興焉。今夫水。一勺之多。及其不測。黿鼉蛟龍魚鼈生焉。貨財殖焉。天地不息之呈象如此。詩曰。惟天之命。於穆不已。蓋曰天之所以爲天也。於乎不顯。文王之德之純。蓋曰文王之所以爲文也。純亦不已。天之所以。文之所以。止是至誠無息而已。文王既沒。文不在玆乎。誠不息。故人天一致。○右明誠之所以爲誠。

以上明中庸之行功在於誠

大哉聖人之道。洋洋乎發育萬物。峻極于天。優優大哉。禮儀三百。威儀三千。待其人然後行。故曰苟不至德。至道不凝焉。其人。謂在位之聖人也。禮必德而行。故君子修德以崇禮。不驕倍以輕禮。

故君子尊德性而道問學。致廣大而盡精微。極高明而道中庸。溫故而知新。敦厚以崇禮。此言君子修德以崇禮也。尊而無導。枯槁不生。導而不尊。紛騖無得。君子爲性而學。學以盡性。尊德性而導問學。其主張有如此也。道之用甚費顯。而道之體則隱微。君子體道以爲德。故既致其廣大而復盡其精微。其貫徹有如此也。極其功效於高明。配天。而其率履。止是時中庸。德其妙善有如此也。時習其故有。而增進其新知。如是篤實修德。以欽崇於禮焉。是故居上不驕。不驕則必求徵。爲下不倍。不倍則不越尊。國有道其言足以興。國無道其默足以容。詩曰。既明且哲。以保其身。其此之謂與。素位而行。無入而不自得。子曰。愚而好自用。驕不求徵。賤而好自專。倍越其尊。生乎今之世。反古之道。如此者。烖及其身者也。事不師古。動輒得咎。此言君子不驕倍以輕禮也。小人反是。非天子不議禮，不制度，不考文。今天下車同軌，書同文，行同倫。雖有其位，苟無其德，不敢作禮樂焉；雖有其德，苟無其位，亦不敢作禮樂焉。（有德而又必在其位。）子曰：「吾說夏禮，杞不足徵也；吾學殷禮，有宋存焉；吾學周禮，今用之，吾從周。」（能言而又必有其徵。）王天下有三重焉，其寡過矣乎！上焉者雖善無徵，無徵不信，不信民弗從；下焉者雖善不尊，不尊不信，不信民弗從。（無徵不尊，民弗信從，禮可行乎。）故君子之道，本諸身，徵諸庶民，考諸三王而不繆，建諸天地而不悖，質諸鬼神而無疑，百世以俟聖人而

不惑。質諸鬼神而無疑，知天也；百世以俟聖人而不惑，知人也。（德位徵備，有如上言，是以作禮必身及庶民、天地、鬼神、前聖、後聖，六事備應也。君子作禮之備如此。）是故君子動而世為天下道，行而世為天下法，言而世為天下則。遠之則有望，近之則不厭。詩曰：「在彼無惡，在此無射。庶幾夙夜，以永終譽。」君子未有不如此而蚤有譽於天下者也。（君子作禮之效如此。）

以上明中庸之行事極於禮。

仲尼祖述堯舜，憲章文武，上律天時，下襲水土。（仲尼集聖天之大。）辟如天地之無不持載，無不覆幬；辟如四時之錯行，如日月之代明。萬物並育而不相害，道並行而

不相悖。小德川流。大德敦化。此天地之所以為大也。並育不害。並行不悖。天地極覆載之大。○此以如天贊聖。

唯天下至聖。為能聰明睿知。足以有臨也。寬裕溫柔。足以有容也。發強剛毅。足以有執也。齊莊中正。足以有敬也。文理密察。足以有別也。生知之美。四端之盡。溥博淵泉。而時出之。溥博如天。淵泉如淵。見而民莫不敬。言而民莫不信。行而民莫不說。充積盛而發現神。是以聲名洋溢乎中國。施及蠻貊。舟車所至。人力所通。天之所覆。地之所載。日月所照。霜露所隊。凡有血氣者。莫不尊親。故曰配天。化被廣大與天齊。○此以配天贊聖。

唯天下至誠。為能經綸天下之大經。和也。立天下之大本。中也。知天地之化育。位育也。夫焉有所倚。生天生地。誰能偶之。而況作依。肫肫其仁。淵淵其淵。浩浩其天。苟不固聰明聖知達天德者。其孰能知之。唯聖人之徒乃知聖。○此以其天贊聖。

以上贊孔子明中庸之效。

詩曰衣錦尚絅。惡其文之著也。故君子之道。闇然而日章。小人之道。的然而日亡。君子之道。淡而不厭。簡而文。溫而理。知遠之近。知風之自。知微之顯。可與入德矣。淡簡溫。狀闇然之象。不厭而文且理焉。狀日章之象。遠之近。見於彼者由於此。風之自。著乎外者由乎內。道之所謂費而隱也。知費而隱。則戒懼於不睹聞矣。知微之顯。則慎其所獨矣。精神在隱微之地乃所以爲入德之方歟。詩云潛雖伏矣亦孔之昭故君子內省不疚無惡於志君子所不可及者其唯人之所不見乎。詩云相在爾室尚不愧于屋漏故君子不動而敬不言而信。不疚不愧省察事慎其所獨事。詩曰奏假無言時靡有爭。是故君子不賞而民勸不怒而民威於鈇鉞。詩曰不顯惟德百辟其刑之是故君子篤恭而天下平。無言不顯存養事戒懼於不睹聞事。

詩云予懷明德不大聲以色子曰聲色之於以化民末也。詩曰德輶如毛毛猶有倫上天之載無聲無臭至矣。狀隱微之象簡聲色而輶毛簡輶毛而無聲無臭。夫至無聲無臭則貫徹於無可貫徹之處而

人欲淨盡天理純全矣。然後溥博淵泉而時出之。則其費顯所及。豈言語形容所能罄哉。姍淺之乎讀中庸矣。

以上示學者入中庸之德。

中庸讀

大學王注讀敘

擅一世之雄者。以其能欺人也。雖然。人不可欺。自欺而已。自欺者無志。不圖勝事。而甘劣迹。自欺者無氣。不勝艱鉅。巧於趨避。自欺者無恥。不卹鰥寡。但畏强禦。自欺者喪心。不事淸明。而工虛妄。自欺者自戕。未有虛妄而不速亡。末世不自欺者誰哉。宜救火追亡講大學之道。陽明之言曰。大學之道。誠意而已矣。誠意之道。毋自欺而已矣。人禽判此也。聖狂判此也。治亂興亡判此也。如是其重大也。如是其切近也。如是其易簡也。或以爲高遠難行。或以爲迂闊無當。終不

勝其人欲之私。而不一試焉。可痛哉。陽明又言曰。意者心之動。知者意之體。物者意之用。是則知也者。卽心之體。心之動。體也。是則此知非知見之知。而心體之知也。知爲心體。卽中庸之誠也。誠者物之終始。無物非誠。卽無物非知也。如其誠而誠之。謂之致知。卽謂之誠意。用當而體復。謂之格物。卽謂之誠意。如惡惡臭。如好好色。謂之誠意。卽謂之致知。愼獨謂之誠意。卽謂之格物。夫道一而已矣。屋漏是獨。大廷亦獨。進德是愼獨。修業亦愼獨。道不可須臾離。愼獨可須臾離乎。此淇澳之詩所以爲格物事也。道學者道問

學也自修者尊德性也恂慄者盡精微也威儀者致廣大也優優大哉威儀三千是也是則中庸之所以主張而貫徹者皆格物事也孔道至大一言以蔽之曰古之欲明明德於天下者天下一人也萬物一體也黍黍以量烏乎丈銖銖以稱烏乎鈞器原有若是之廣且大也必先治其國乃至致知在格物者費而隱也物格而后知致乃至國治而后天下平者微之顯也皆誠之事也故曰大學之道誠意而已矣曾子曰夫子之道忠恕而已矣中其心之謂忠如其心之謂恕忠恕之道誠意而已矣忠恕所以正心所以修

齊治平亦誠意而已矣忠恕之道不行忿懥四者有所心不在不正而身不修也忿懥何害害於有所故也王赫斯怒臨事而懼仁者樂山作易者有憂患心在無所亦何害也忠恕之道不行親愛五者而辟身不修而家不齊也老安友信少懷之志明德於天下之志忠恕之志也曰孝者所以事君曰上老老而民興孝非老者安之乎曰弟者所以事長曰上長長而民興弟非朋友信之乎曰慈者所以使眾曰上恤孤而民不倍非少者懷之乎而曰所藏乎身必恕是以君子有絜矩之道非忠恕之是事乎則亦誠意而已

矣。民爲邦本長國家者其知之乎。民之所好好之民之所惡惡之此之謂民之父母。好人之所惡惡人之所好是謂拂人之性菑必逮夫身。民具爾瞻辟則天下僇。峻命不易失衆則失國。聖人所以重民所以垂示於爲民上者丁甯反覆深且切矣長國家者亦知懼乎。衆怒難犯專欲難成亦知反乎。孔子歿大學廢。秦漢數千年來體國經野建官分職豈爲民極子孫帝王萬世之業視民之疾痛固若秦越人之肥瘠國有大災民自拯之道路橋梁民自理之强鄰噬食民自起而抗之匪唯忽之又從而撓之害之媢嫉有技。

聚斂悖入亦既菑害並至善者無如之何矣。嗟乎天下不忠恕死喪無日哉。嗚呼爲民上者庶幾念民而忠恕哉。

民國二十一年十月歐陽漸敘於支那內學院

序

大學之要。誠意而已矣。誠意之功。格物而已矣。誠意之極。止至善而已矣。正心。復其體也。脩身。著其用也。以言乎已。謂之明德。以言乎人。謂之親民。以言乎天地之間。則備矣。是故至善也者。心之本體也。動而後有不善。意者其動也。物者其事也。格物以誠意。復其不善之動而已矣。不善復而體正。體正而無不善之動矣。是之謂止至善。聖人懼人之求之於外也。而反覆其辭。舊本析而聖人之意亡矣。是故不本於誠意而徒以格物者。謂之支。不事於格物而徒以誠意者。謂之虛。支與虛。其於至善也遠矣。合之以敬而益綴。補之以傳而益離。吾懼學之日遠於至善也。去分章而復舊本。旁爲之釋。以引其義。庶幾復見聖人之心。而求之者有其要。噫。罪我者其亦以是夫。守仁序。

大學古本旁注

漢戴聖撰

明王守仁注

大學之道。在明明德。在親民。在止於至善。

親。愛也。明明德親民。猶言脩己安百姓。至善者。心之本體。盡其心之本體。謂之止至善。

知止而后有定。定而后能靜。靜而后能安。安而后能慮。慮而后能得。

知至善惟在吾心。則求之有定向。

物有本末。事有終始。知所先後。則近道矣。古之欲明明德於天下者。先治其國。欲治其國者。先齊其家。欲齊其家者。先脩其身。欲脩其身者。先正其心。欲正其心者。先誠其意。欲誠其意者。先致其知。致知在格物。

致知。致吾心之良知也。格物。格正事物也。心者身之主。意者心之發。知者意之體。物者意之用。如意之用于事親。即事親之孝而格之。必盡夫天理。則吾心之良知無私欲之間。而得以致其知矣。知至則意無所欺而可誠矣。意誠則心無所放而正矣。

物格而后知至。知至而后意誠。意誠而后心正。心正而后身脩。身脩而后家齊。家齊而后國治。國治而后天下平。自天子以至於庶人。壹是皆以脩身爲本。其本亂而末治者否矣。其所厚者薄。而其所薄者厚。未之有也。此謂知本。此謂知之至也。

知脩身爲本。斯謂知本。斯謂知至。非實能脩身。未可謂之知脩身。

所謂誠其意者。毋自欺也。如惡惡臭。如好好色。此之謂自謙。故君子必慎其獨也。

修身惟在於誠意。故特揭誠意以示人修身之要。誠意只是慎獨。工夫只在格物上用。猶中庸之戒懼也。

小人閒居爲不善。無所不至。見君子而后厭然。揜其不善而著其善。人之視己。如見其肺肝然。則何益矣。此謂誠於中。形於外。故君子必慎其獨也。

猶中庸之莫見莫顯也。

曾子曰。十目所視。十手所指。其嚴乎。富潤屋。德潤身。心廣體胖。故君子必誠其意。詩云。瞻彼淇澳。菉竹猗猗。有斐君子。如切如磋。如琢如磨。瑟兮僩兮。赫兮喧兮。有斐君子。終不可諠兮。如切如磋者。道學也。如琢如磨者。自脩也。瑟兮僩兮者。恂慄也。赫兮喧兮者。威儀也。有斐君子。終不可諠兮者。道盛德至善。民之不能忘也。（誠意工夫實下手處只在格物。引詩言格物之事。）詩云。於戲前王不忘。君子賢其賢而親其親。小人樂其樂而利其利。此以沒世不忘也。（親民之功至於如此。亦不過自明其明德而已。）康誥曰。克明德。太甲曰。顧諟天之明命。帝典曰。克明峻德。皆自明也。（自明不已。即所以親民。）湯之盤銘曰。苟日新。日日新。又日新。康誥曰。作新民。詩曰。周雖舊邦。其命維新。是故君子無所不用其極。（君子之明明德親民。豈有他哉。亦不過止于至善而已。）詩云。邦畿千里。惟民所止。詩云。緡蠻黃鳥。

止于丘隅。子曰。於止知其所止。可以人而不如鳥乎。詩云。穆穆文王。於緝熙敬止。爲人君止於仁。爲人臣止於敬。爲人子止於孝。爲人父止於慈。與國人交止於信。（止于至善。豈有他哉。惟求之吾身而已。）子曰。聽訟吾猶人也。必也使無訟乎。無情者不得盡其辭。大畏民志。此謂知本。（又即親民中聽訟一事。要在其極。亦必本于明德。則信乎以脩身爲本矣。）所謂脩身在正其心者。身有所忿懥則不得其正。有所恐懼則不得其正。有所好樂則不得其正。有所憂患則不得其正。心不在焉。視而不見。聽而不聞。食而不知其味。此謂脩身在正其心。（修身工夫只是誠意。就誠意中體當自己心體。常令廓然大公。便是正心。正心之功。既不可滯於有。亦不可墮于無。猶中庸未發之中。）所謂齊其家在脩其身者。人之其所親愛而辟焉。之其所賤惡而辟焉。之其所畏敬而辟焉。之其所哀矜而辟焉。之其所敖惰而辟焉。故好而知其惡。惡而知其美者。天下鮮矣。故諺有之曰。人莫知其子之惡。莫知其苗之碩。此謂身不脩不可以齊其家。

人之心體不能廓然大公。是以隨其人情之所向輒辟。親愛五者無辟焉。猶中庸已發之和也。

所謂治國必先齊其家者。其家不可教而能教人者無之。故君子不出家而成教於國。孝者所以事君也。弟者所以事長也。慈者所以使眾也。康誥曰。如保赤子。心誠求之。雖不中不遠矣。未有學養子而后嫁者也。一家仁。一國興仁。一家讓。一國興讓。一人貪戾。一國作亂。其機如此。此謂一言僨事。一人定國。堯舜帥天下以仁。而民從之。桀紂帥天下以暴。而民從之。其所令反其所好。而民不從。是故君子有諸己而後求諸人。無諸己而后非諸人。所藏乎身不恕。而能喻諸人者。未之有也。故治國在齊其家。詩云。桃之夭夭。其葉蓁蓁。之子于歸。宜其家人。宜其家人。而后可以教國人。詩云。宜兄宜弟。宜兄宜弟。而后可以教國人。詩云。其儀不忒。正是四國。其為父子兄弟足法。而后民法之也。此謂治國在齊其家。

只只是修身。只只是誠意。

所謂平天下在治其國者。上老老而民興孝。上長長而民興弟。上卹孤而民不倍。是以君子有絜矩之道也。所惡於上。毋以使下。所惡於下。毋以事上。所惡於前。毋以先後。所惡於後毋以從前所惡於右毋以交於左所惡於左毋以交於右此之謂絜矩之道詩云樂只君子民之父母民之所好好之民之所惡惡之此之謂民之父母詩云節彼南山維石巖巖赫赫師尹民具爾瞻有國者不可以不慎辟則爲天下僇矣詩云殷之未喪師克配上帝儀監于殷峻命不易道得衆則得國失衆則失國是故君子先慎乎德有德此有人有人此有土有土此有財有財此有用德者本也財者末也外本內末爭民施奪是故財聚則民散財散則民聚是故言悖而出者亦悖而入貨悖而入者亦悖而出康誥曰

惟命不于常道善則得之不善則失之矣楚書曰楚國無以爲寶惟善以爲寶舅犯曰亡人無以爲寶仁親以爲寶秦誓曰若有一介臣斷斷兮無他技其心休休焉其如有容焉人之有技若己有之人之彥聖其心好之不啻若自其口出寔能容之以能保我子孫黎民尚亦有利哉人之有技媢嫉以惡之人之彥聖而違之俾不通寔不能容以不能保我子孫黎民亦曰殆哉唯仁人放流之迸諸四夷不與同中國此謂唯仁人爲能愛人能惡人見賢而不能舉舉而不能先命也見不善而不能退退而不能遠過也好人

之所惡惡人之所好是謂拂人之性菑必逮夫身是故君子有大道必忠信以得之驕泰以失之生財有大道生之者衆食之者寡爲之者疾用之者舒則財恒足矣仁者以財發身不仁者以身發財未有上好仁而下不好義者也未有好義其事不終者也未有府庫財非其財者也孟獻子曰畜馬乘不察於雞豚伐冰之家不畜牛羊百乘之家不畜聚斂之臣與其有聚斂之臣寧有盜臣此謂國不以利爲利以義爲利也長國家而務財用者必自小人矣彼爲善之小人之使爲國家菑害并至雖有善者亦無如之何矣

此謂國不以利爲利以義爲利也

又說到修身上工夫只是誠意

大學古本旁注

大學王注讀

歐陽漸學

讀大學王注竟有須闡明者十義錄之爲行遠升高之助一曰大人之學也大人亦不過充人之量而已四端皆具而誰非人大人亦不過與天地合其德而已盡性知天而誰無性故人亦第爲大人又何事而非大人然而人皆可堯舜而堯舜不再見何耶風氣力强習非成是自有生而少長而老死自家庭而朋友而國人曾不聞先王之法言曰

夜與非聖爲伍交相習也成自然也冉冉悠悠沓沓泄泄溺淖失知自視日卑見義不爲危機無惕譬如二人俱值非常有鴻鵠志者倉卒定謀化家爲國作富家翁者徘徊終夜戀棧而亡蓋一則有觸斯通一則本無其事故也而況窮性命之源了生人之本者哉國可亡也種可滅也人類可熄也而終不勝其一已之私也非故汙也非自戕也非不欲爲也而終不能一鼓作氣也然而擲一粒於平沙萬頃之地而見雨即芽也多方以植之而蔽日參天也苟試爲之何如也羣而習之又何如也

作聖而日臧不作聖而日亡亦何憚而不爲大人之學哉夫大學者大人之學也

二曰天下之欲也椽屋之材不足供明堂之用斗筲之器不足作釜鍾之歸鄉黨自好者流不足臨大事決大疑任天下艱鉅推己及物云者言舉斯心加諸彼而已也非謂小知而可擴之大受也有聖人之量者然後可以聖人有天下之欲者然後可以天下始之函乎天下者乃終之盡乎天下者也爲仁之方己欲立而立人也誠者所以成物也明明德者非明明德於一己也而明明德於天下

也。是故格物者爲天下而格物物也。致知者爲天下而致知也。誠意者爲天下而誠意也。正心修身者爲天下而正心修身也。是故言古之欲明明德於天下者。鞭辟近裏著已。崖岸高門戶險異同之禍烈。宋明以來。儒者之學非孔子之事。潔身之概量非萬物一體之氣象。

三曰孔子之志也。昔者孔子有云吾志在春秋。又云大道之行丘有志焉天下爲公人不獨親其親子其子是謂大同。又云盍各言志老者安之朋友信之少者懷之。而大學平天下則曰上老老而民

興孝上長長而民興弟上卹孤而民不倍。是數者合。有以異乎無以異也。孔子天下至聖。以言所達。譬如天地之無不持載無不覆幬。以言所本則先王有不忍人之心斯有不忍人之政。是則孔子之志本其不忍之心而達之爲大同之政而已矣。春秋太平世內外受治老安少懷則不獨親其親子其子。絜矩之道上下前後左右全體均平。皆大同之政。吾故曰是數者合無以異也。雖然。春秋者天子之事也。天子大事制禮。而禮生於仁。禮云禮云玉帛云乎哉。蓋詩亡然後春秋作彰善癉惡之秋

霜乃繼於温柔敦厚之春露也。五始之元即四德之元。元者善之長。而曰君子體仁足以長人也。平天下不言夏時商輅。而曰好惡無辟愼德好仁也。以是知大同之政其達。而其本乃在不忍之心也。孔子不得位。大同之政不容現。謂之爲志。而至悲天憫人之懷則又無息而非實現者。學者於此三致意焉。若夫侈口大同。毫無悲愍。空談聖志。不解聖心。亂天下者必此人也。故下之爲夸誕之學。而上之有優僞之政。

四曰忠恕之道也。格致誠正修者忠也。齊治平者恕也。先修其身乃至先致其知。致知在格物者忠也。而后家齊乃至而后天下平者恕也。自明不已所以親民。止是修身。止是誠意者。忠而後恕也。惟囊括宇宙包并六合者能恕。惟大公無我者能恕。惟捨己從人者能恕。惟順其幾之自然者能恕。惟行其所無事者能恕。而不然者則矯糅造作矣。功必自我成。名必自我居矣。不以欲從人。而以人從欲矣。此天下所以騷然矣。夫亡國之君亦自有才。但恨其不能恕耳。夫千聖百王豈有神奇。亦不過行其恕耳。是恕也。必忠信以得之。驕泰以失之五曰得國之寶也。水積成淵蛟龍生焉。土積成山風雨興焉。衆志成城而國立焉。毋謂兵強。民不畏死。強於兵者亡於兵。毋謂財聚。生之不衆。而源竭不來。毋謂政柄在我民可得而欺。其所令反其所好而民不從。毋謂今不與於古情切而無迂。明明簞食以迎師火熱而望霓不誣也。撻秦楚之堅甲利兵不誣也。外患不足患天菑不足菑民渙而國渙不誣也。吾所恃以敵強梁者民。奈何并民而敵之。吾所恃以植基本者民。奈何捨民而他植之。鋤異而異熾。噬我不我卹。而民不然。奈何獨於民而棄之。得國之寶在得民心。得心有道無逾大學。大學之言曰。民之所好好之。民之所惡惡之。此之謂民之父母。好人之所惡。惡人之所好。是謂拂民性而菑必及身。彥聖不通。有技娼嫉者。仁人放流之是謂能好人能惡人。民具爾瞻。辟則爲天下僇矣。峻命不易。失衆則失國矣。徵諸近事。豈迂談哉。長國家者顧不求實哉。

六曰格物之功也。泥德性者先立乎其大者而無事矣。及其弊也。六藝廢禮樂崩。言之無文行而不遠。泥問學者窮致事物之理而多事矣。及其弊也。

支離於文字逐物而誰歸私意補經欺今誣後格物之不明聖學之不行千有餘年矣陽明釋淇澳之詩曰引詩言格物之事於是而格物之說明證之於中庸而格物之說愈明自修而道學即尊德性而道問學也爲性而學學以盡性以是爲格物之主張也威儀而恂慄即致廣大而盡精微也以是爲格物之貫徹也君子之道費而隱所以知遠之近知風之自極於無聲無息者爲格物事也鬼神之道微之顯所以知微之顯極於參天贊地者亦格物事也中庸言可以入德矣大學言格物而

后知致乃至天下平矣夫道若大路然未有若一丘一壑一先生之言者矣格物之說建立不搖天下自此平歟

七曰孔顔之樂也所謂誠其意者毋自欺也誠之事也如惡惡臭如好好色此之謂自慊誠之有得也快也足也所謂樂也知之者不如好之者好之者不如樂之者也君子造道自得則居安資深左右逢源有諸己之謂信也是則樂也者誠也而即信也仁義之實事親從兄是也智之實知斯二者是也禮之實節文斯二者是也樂之實樂斯二者

是也。是則樂也者。誠也信也。而即所謂樂也。仁義智禮信而即仁義智禮樂也。與於詩立於禮成於樂。是之謂孔顏之樂。與其云蔬食而樂在其中陋巷而不改其樂謂之爲孔顏之樂。曷若云不厭不倦拳拳服膺謂之爲孔顏之樂歟。學孔顏之樂毋寧學孔顏之誠歟。或問何謂孔顏之誠即孔顏之樂。曰當下心安而已。又問有殺身以成仁者樂乎。曰求仁而得仁又何怨。

八曰眞實之知也。知止而后有定。知所先後則近道矣。於止知其所止可以人而不如鳥乎。於是學

者談行必求其知。於是學者求知不求於盲師必求於故紙。夫知也不求諸自我。不求諸現在。而顧可得而眞實哉。陽明之言曰。非實能修身未可謂之知修身。此言乎知爲其證知。非徒解知也。驟言證知憑何而能。是有妙術不可思議。則必爲聖人之志是也。譬如復仇懷必死之心者是也。制之一處無事不辦也。思之思之鬼神通之也。是之謂眞實之知也。

九曰學庸之事也。夫學有區徑有方術有效果也。中庸之書三者具備。孔學之概論也。費而隱微之

題者。道也。區徑也。誠者。行也。方術也。贊聖者。極也。效果也。若夫大學。止示方術。唯是聖行也。格致誠正。止於至善也。修齊治平。止於至善也。皆行也。君子欲學問思辨。讀中庸。君子欲篤行。讀大學。

十日學庸之序也。常言學庸。先大學而後中庸。爲曾子之師。先於子思之弟。此說出朱晦庵。而不知其所據。故不從。史記子思作中庸。而未言曾子作大學。一也。戴記明明中庸列前。大學列後。二也。程子亦言大學孔氏遺書。不言曾子所作。三也。陽明旁注。逕題漢戴聖撰。四也。今之意。先欲明孔學概論。而後談孔學聖行也。故中庸先而大學次也。

嗟乎。孔學之不行久矣。蓋支離之爲弊。而迂濶之誤視故也。王注讀而支離之爲弊祛。十義明而迂濶之誤視除盡。實有不能已於言者。而豈好事之徒嘵嘵不已者哉。

大學王注讀